Ángulos baloncesto

Entender ángulos

Julia Wall

Créditos de publicación

Editora
Sara Johnson

Directora editorial
Dona Herweck Rice

Editora en jefe
Sharon Coan, M.S.Ed.

Directora creativa
Lee Aucoin

Editora comercial
Rachelle Cracchiolo, M.S.Ed.

Créditos de imagen

La autora y los editores desean agradecer y reconocer a quienes otorgaron su permiso para la reproducción de materiales protegidos por derechos de autor: portada, Getty Images; pág. 1 Alamy; pág. 4 Corbis; pág. 8 Getty Images; pág. 9 Corbis; pág. 10 Getty Images; pág. 11 Getty Images; pág. 12 Corbis; pág. 13 Getty Images; pág. 14 Getty Images; pág. 15 Getty Images; pág. 16 Getty Images; pág. 17 Getty Images; pág. 18 Getty Images; pág. 20 Getty Images; pág. 21 Getty Images; pág. 22 The Photo Library; pág. 24 Getty Images; pág. 26 Getty Images; pág. 27 Corbis

Si bien se ha hecho todo lo posible para buscar la fuente y reconocer el material protegido por derechos de autor, los editores ofrecen disculpas por cualquier incumplimiento accidental en los casos en que el derecho de autor haya sido imposible de encontrar. Estarán complacidos de llegar a un acuerdo idóneo con el propietario legítimo en cada caso.

Teacher Created Materials

5301 Oceanus Drive
Huntington Beach, CA 92649-1030
http://www.tcmpub.com
ISBN 978-1-4938-2947-7

Contenido

La importancia de los ángulos

El baloncesto es un juego emocionante para jugar. Es un juego de acción. ¡El equipo que marca la mayor cantidad de puntos gana!

Entonces, ¿cómo marca puntos un equipo? ¿Cómo hace un jugador para recibir un excelente pase? El **ángulo** que recorre el balón decidirá si el balón llega a la canasta o si se recibe el pase.

Los puntos se marcan lanzando el balón dentro de una canasta.

Un ángulo es la apertura o la cantidad de giro entre 2 segmentos de línea o rayas que se encuentran en un punto común. Este punto se llama **vértice**. En los deportes, el vértice suele ser el balón, el arco o la canasta.

Los ángulos pueden medirse usando la unidad *grados*. El símbolo para los grados es un círculo pequeño (°). Los ángulos suelen medirse empleando transportadores.

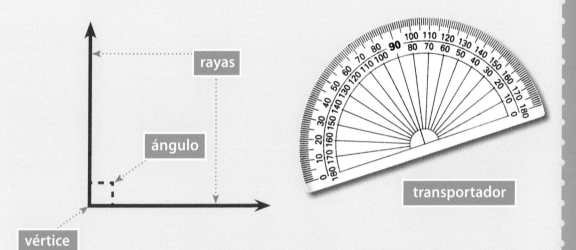

rayas

ángulo

vértice

transportador

Conoce a la entrenadora Olsen

La entrenadora Olsen es la entrenadora de baloncesto de una escuela. Ella dará consejos sobre varias jugadas. Puedes obtener más información sobre la entrenadora Olsen y el juego de "Ofensiva 3–2" que usa con su equipo en la entrevista de la página 22.

Hay distintos tipos de ángulos. La medida del ángulo agudo es menor de 90°. Por lo tanto, si un jugador de baloncesto está en "ángulo agudo respecto a la canasta", hay menos de 90° entre el jugador, la canasta y el medio de la línea de tiro libre.

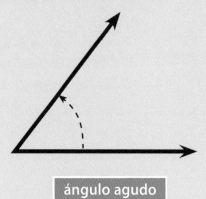

ángulo agudo

Un ángulo obtuso es mayor de 90°, pero es menor de 180°, en tamaño.

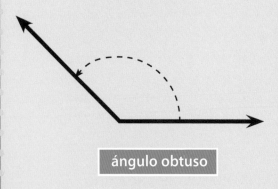

ángulo obtuso

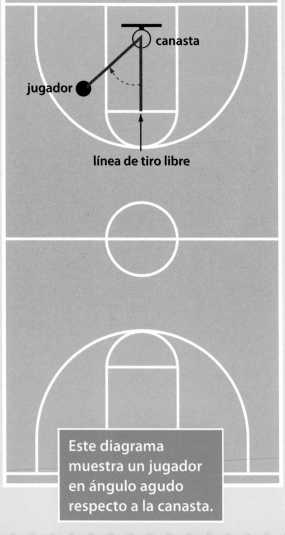

canasta

jugador

línea de tiro libre

Este diagrama muestra un jugador en ángulo agudo respecto a la canasta.

Un ángulo recto mide exactamente 90°. Se dice que los 2 segmentos de línea o rayas que se unen en un ángulo recto son **perpendiculares**.

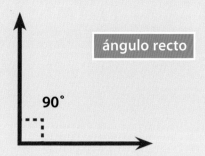

ángulo recto

90°

Un ángulo llano, o lineal, mide 180°.

180°

ángulo llano

EXPLOREMOS LAS MATEMÁTICAS

Cuando se unen dos líneas, forman un ángulo. Identifica los tipos de ángulos que se muestran a continuación.

a.

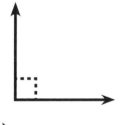

c.

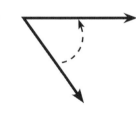

b.

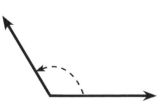

d.

e. Explica cómo sabes qué tipo de ángulo es cada uno.

En posición

Un juego de baloncesto comienza con un salto al balón en el centro de la cancha. Una cancha de baloncesto tiene forma rectangular. Dos equipos de 5 jugadores cada uno mueven el balón por la cancha. Lo hacen principalmente mediante **dribles** y pases.

EXPLOREMOS LAS MATEMÁTICAS

El diagrama de la derecha es una **vista aérea** de una cancha de baloncesto. Es una figura rectangular.

Usa el diagrama para responder estas preguntas.

a. ¿Qué nombre recibe el ángulo en cada vértice de la cancha de baloncesto?

b. ¿Cuál es la medida del ángulo de 1 vértice?

c. ¿Cuál es la suma de todos los ángulos de los vértices?

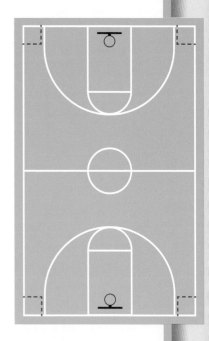

La posición del baloncesto

El baloncesto es un juego rápido. A veces es difícil mantener el equilibrio cuando te detienes y vuelves a moverte con tanta rapidez. Es mejor mantener el cuerpo en un ángulo bajo respecto al suelo. Para hacerlo, mantén las rodillas ligeramente dobladas. Crearás un ángulo agudo entre tu cuerpo y la cancha. Además, asegúrate de mantener los pies a una distancia del ancho de los hombros. Mantén las manos aproximadamente al nivel del pecho.

ángulo agudo

Driblar

Pasar el balón es la manera más rápida de moverlo por la cancha. Sin embargo, es posible que debas driblar hasta que puedas hacer un buen pase a un integrante de tu equipo.

A veces, tus **oponentes** te marcarán de cerca. Por eso, mantén la mano sobre el balón mientras driblas. Esto hace que el ángulo del drible sea bajo y perpendicular al suelo. Será más difícil que la **oposición** te robe el balón.

balón

rebote perpendicular

cancha

Si no te están marcando muy de cerca, puedes tomar velocidad mientras driblas. Coloca la mano *detrás* del balón en ángulo agudo. Debes tener la mano aproximadamente a 90° de distancia del cuerpo. Luego, empuja el balón fuerte y rápidamente en frente de ti, por debajo del nivel de la cadera.

La entrenadora Olsen dice:

No mires siempre el balón mientras driblas. Trata de mantener la cabeza levantada y los ojos en lo que está ocurriendo a tu alrededor.

La mano de este jugador se encuentra en ángulo recto respecto a su cuerpo.

Haz el pase

Los buenos pases te ayudarán a ganar juegos de baloncesto. Si no hay ningún **defensor** entre tú y un integrante de tu equipo, haz un pase a la altura del pecho con ambas manos. Sostén el balón entre ambas manos alrededor de la altura del pecho, cerca del cuerpo. Abre los dedos y mantén los pulgares y las muñecas en ángulo ascendente.

Luego, da un paso en la dirección de tu pase para obtener potencia y velocidad adicional. Suelta el balón con un quiebre de la muñeca. Esto ayudará a que el balón se dirija en ángulo llano hasta el integrante de tu equipo.

El jugador de la derecha lanzó el balón a un integrante de su equipo. Sus brazos, que estaban a nivel del pecho, ahora han bajado.

ángulo agudo

Si hay un defensor, haz un pase con rebote con ambas manos. Sostén el balón como lo harías para un pase a la altura del pecho. Da un paso hacia delante mientras lanzas. Agrega un movimiento de giro al balón colocando los pulgares hacia abajo mientras lo lanzas. El balón debería pegar en el suelo al menos a tres cuartos del trayecto entre tú y el integrante de tu equipo. Rebotará en ángulo. Llegará aproximadamente al área del muslo y la cintura del integrante de tu equipo para que pueda tomarla fácilmente.

EXPLOREMOS LAS MATEMÁTICAS

Estos diagramas muestran los ángulos de algunos pases con rebote. Las líneas punteadas muestran la trayectoria del balón. Identifica los ángulos y luego estima su tamaño.

a.

b.

c. ¿Qué estrategias usaste para estimar?

En ocasiones, tendrás una posibilidad de hacer un pase de béisbol. El balón suele lanzarse a más de la mitad de la cancha a un jugador que está mucho más adelante que cualquier otro. Ese jugador puede entonces hacer un tiro a la canasta. Mantén el brazo de lanzamiento doblado a alrededor de 45°. Mantén el otro brazo **paralelo** a la cancha. Tu pase será rápido, fuerte y directo.

ángulo agudo

Si un defensor te marca, **pivota** para mantener el balón alejado de él. Esto significa darle la espalda al defensor. Mantén la "posición del baloncesto". Gira, o pivota, sobre un pie. Puedes hacer un giro de 360°, 180° o 90°, con el brazo y el codo apuntando en la dirección hacia la que quieres ir.

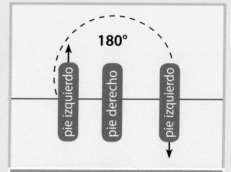

180°

pie izquierdo — pie derecho — pie izquierdo

Este diagrama muestra un pivote de 180° sobre el pie derecho. El pie izquierdo gira 180° alrededor del pie derecho. El pie derecho permanece en el mismo lugar. Actúa como el vértice del ángulo.

Este jugador ya ha completado un pivote de 180° sobre el pie derecho. Ahora hará otro pivote de 180° para esquivar a su defensor.

EXPLOREMOS LAS MATEMÁTICAS

¿Qué tipo de ángulo se forma:

a. si un jugador gira 110°?

b. si un jugador gira 90°?

Juego en la defensa

La buena defensa gana juegos. Si el otro equipo no puede lanzar, no puede marcar puntos. La defensa se trata de estar siempre en movimiento para marcar al **oponente.** Continúa girando la cabeza en ángulo para ver qué está haciendo el jugador que tiene el balón.

defensora

Si bien su cuerpo apunta hacia adelante, esta defensora ha girado la cabeza en ángulo agudo para poder bloquear el lanzamiento.

ángulo agudo

La entrenadora Olsen dice:

Para pasar a la defensa, los jugadores pueden cambiar de dirección mientras corren. Giran la cadera y la cabeza en la dirección hacia la que desean ir y mueven los pies en un nuevo ángulo.

¡Lanza!

El ángulo es importante al lanzar canastas. Si el balón atraviesa la canasta o no, depende del ángulo con el que ingrese a ésta.

Una gran canasta

Lo creas o no, $3\frac{1}{2}$ balones de baloncesto pueden apilarse uno sobre el otro a la vez dentro de una canasta.

Cuando un lanzador de baloncesto suelta el balón, esto se llama **"punto de lanzamiento"**. Es mejor tener un punto de lanzamiento alto cuando se pretende llegar al aro.

Un punto de lanzamiento bajo significa que el balón atravesará la canasta con un ángulo bajo. Un ángulo bajo tiene alrededor de 30° a 50°. El balón tiene menos posibilidades de atravesar el aro en este ángulo. Cuanto más bajo sea el ángulo, más difícil será que el balón ingrese al aro.

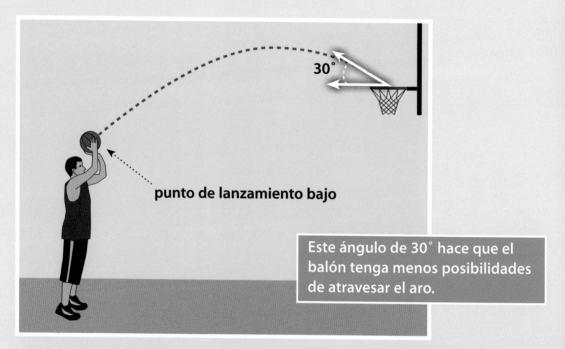

30°

punto de lanzamiento bajo

Este ángulo de 30° hace que el balón tenga menos posibilidades de atravesar el aro.

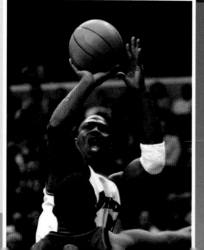

El mejor jugador de baloncesto de todos los tiempos

Michael Jordan finalizó su carrera en el baloncesto con 32,292 puntos, un promedio de 30 puntos por partido. El punto de lanzamiento de Jordan era alto, lo que constituye uno de los motivos por los que pudo marcar tantos puntos.

70°

punto de lanzamiento alto

Este ángulo de 70° hace que el balón tenga más posibilidades de atravesar el aro.

Tienes más probabilidades de tener éxito al hacer un lanzamiento a una canasta si tienes un punto de lanzamiento alto. Esto aumenta el ángulo con el que el balón ingresa al aro. Un balón que cae en la canasta en un ángulo de 70° a 90° tiene un objetivo más grande para ingresar.

EXPLOREMOS LAS MATEMÁTICAS

Estos diagramas muestran los ángulos de un balón a medida que este se mueve hacia el aro. Identifica el tipo de ángulo que se muestra en cada imagen.

a.

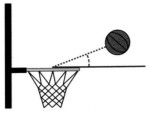

c.

b.

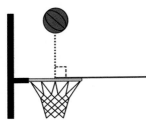

d.

e. ¿Cuál trayectoria del balón consideras que tiene menos probabilidades de marcar? ¿Por qué?

En el rebote

La acción de ir por el rebote se basa en **predecir**. Debes poder predecir el ángulo con el que crees que el balón rebotará desde el borde de la canasta. Necesitas asegurarte de que serás quien tome el balón primero.

Un jugador toma un balón por rebote luego de que este rebotó desde el tablero en un ángulo.

La entrenadora Olsen dice:

No te pares y mires como si nada el balón mientras éste se mueve hacia la canasta. Piensa siempre que el lanzamiento saldrá mal. De esa manera, estás pensando con anticipación hacia dónde podría ir el balón a continuación y te moverás a esa posición para agarrar el rebote.

Un setenta y cinco por ciento de todos los lanzamientos errados rebotan a un ángulo *alejado* del lanzador. Los lanzamientos realizados desde un lado suelen rebotar al lado opuesto. Sin embargo, la mayoría de los lanzamientos que se realizan al frente de la canasta rebotarán directamente de nuevo al lanzador.

El balón del lanzamiento rebota a un ángulo alejado de la lanzadora porque está parada a un lado de la canasta.

La entrenadora Olsen y la "Ofensiva 3–2"

En la siguiente entrevista, la entrenadora Olsen explica cómo usa una jugada llamada "**Ofensiva** 3–2" con su equipo. Esta jugada mantiene a los jugadores en buenos lugares para recibir los rebotes cuando están lanzando a una canasta.

La "Ofensiva 3–2" tiene tres jugadores alrededor de un **perímetro** de la línea de 3 puntos. Hay dos jugadores a cada lado de la zona. Mantienen cubierta el área de lanzamiento debajo de la canasta.

Jugador 5

Jugador 4

zona

Jugador 2

Jugador 3

línea de 3 puntos

Jugador 1

Entrenadora: ¿cómo funciona esta jugada?

El jugador 1 permanece arriba de la línea de 3 puntos para detener un rompimiento rápido de la oposición. Los jugadores 3, 4 y 5 están en buenos ángulos para recibir los rebotes. El jugador 2 puede recibir un rebote o ayudar al jugador 1 a detener el rompimiento.

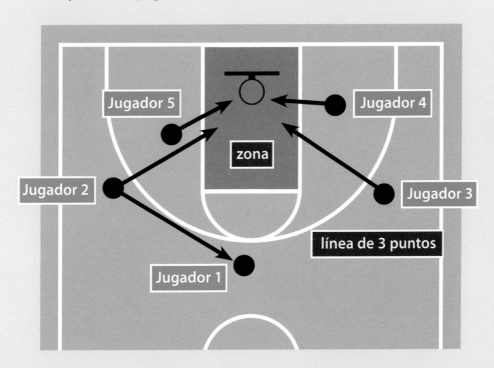

¿Qué consejo les da a los jugadores para esta ofensiva?

Mantenerse en movimiento en distintos ángulos y seguir buscando el balón. Es mucho más difícil para la oposición detener un objetivo en movimiento.

¿Qué ocurre una vez que un jugador lanza el balón?

En ocasiones, marcamos puntos. ¡Y a veces el balón rebota! Mis jugadoras no siempre lanzan el balón hacia el aro con un ángulo lo suficientemente alto como para hacer muchas canastas. Pero les digo a mis jugadoras que aprovechen todas las posibilidades de lanzar. Es la única manera de poder entender cuál es el mejor ángulo que hay que usar para marcar un punto.

¿Practica la ofensiva con sus jugadoras?

¡Claro que sí! Y antes de cada juego hago un dibujo de la "Ofensiva 3–2". Les indico a las jugadoras que se muevan por dentro en lugar de por fuera de las otras jugadoras, siempre que puedan. Esto se debe a que el ángulo es más pequeño, por lo que tienen menos cancha para cubrir.

¿Algún consejo final, entrenadora Olsen?

Lanza el balón a un ángulo alejado de la oposición. ¡Y no permanezcas debajo de la canasta a la espera del rebote! Si el ángulo es bueno, lo único que recibirás es un balón sobre la cabeza una vez que el otro equipo haya sumado puntos.

EXPLOREMOS LAS MATEMÁTICAS

El tablero puede usarse para lograr introducir el balón en el aro. El balón puede rebotar a un ángulo del tablero.

a. ¿Cuál de los diagramas a continuación muestra el balón moviéndose hacia el aro en ángulo recto?

b. ¿Cuál de los diagramas a continuación muestra el balón moviéndose hacia el aro en ángulo agudo?

i.

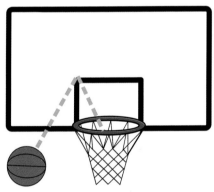

ii.

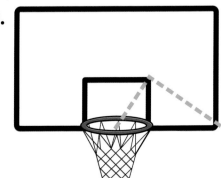

Todo en el ángulo

En la cancha, tu cuerpo necesita estar en el mejor ángulo respecto a los demás jugadores. También necesitas sostener el balón en el mejor ángulo. El drible, el pase y el lanzamiento dependen de la potencia, la velocidad y el ángulo.

Esta jugadora está por hacer un pase con rebote.

Practica los lanzamientos de pase y el drible. Cuanto más practiques los lanzamientos, más seguro estarás del punto de lanzamiento alto necesario para marcar un punto.

¡Los profesionales del baloncesto hacen que practicar el deporte parezca simple! Esto se debe a que han pasado muchas horas practicando. Conocen el mejor ángulo para *cualquier* jugada.

El balón ingresará al aro desde un punto de lanzamiento alto.

EXPLOREMOS LAS MATEMÁTICAS

Una cancha de baloncesto es un rectángulo. En cada vértice de un rectángulo o un cuadrado, hay un ángulo. Estos se llaman ángulos **interiores**. Calcula la suma de estos ángulos.

a.

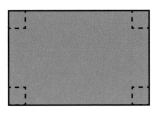

b.

c.

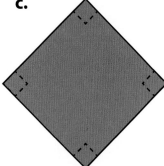

d. ¿Qué puedes decir sobre la suma de los ángulos en todos estos **cuadriláteros**?

Ángulos en los triángulos

Jada y su clase deben resolver un problema de matemáticas. Deben demostrar que la suma de los ángulos interiores de *todos* los triángulos siempre será igual a 180°. Pero no pueden usar un transportador como ayuda.

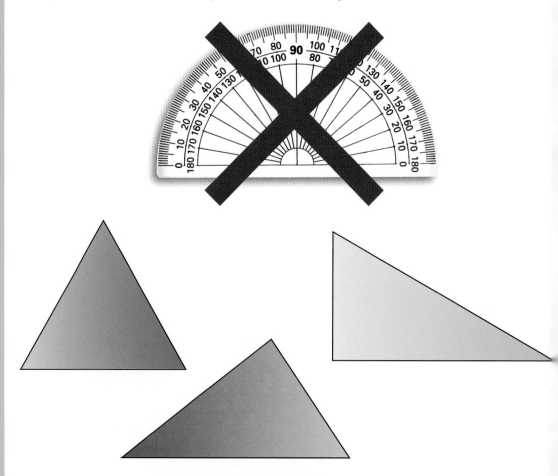

¡Resuélvelo!

¿Cómo puedes demostrar que la suma de los ángulos interiores de un triángulo siempre será igual a 180°? *Pista*: Al igual que Jada y su clase, no puedes usar transportador. Usa los siguientes pasos como ayuda para obtener tu respuesta.

Paso 1: Usa una regla para dibujar un triángulo. Puede ser cualquier tipo de triángulo. Marca y rotula los ángulos interiores. Recorta los ángulos del triángulo tal como se muestra a continuación por las líneas punteadas.

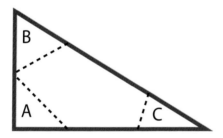

Paso 2: Dibuja una línea recta. Un ángulo llano mide 180°. Marca un ángulo llano en la siguiente línea.

Paso 3: Ubica los ángulos recortados en la línea con los vértices sobre la línea recta. ¿Encajan los ángulos exactamente?

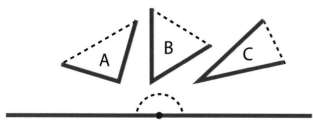

Glosario

ángulo: la apertura o la cantidad de giro entre 2 segmentos de línea o rayas

cuadriláteros: figuras de 4 lados, como un cuadrado o un rectángulo

defensor: jugador que protege el arco

dribles: movimientos del balón hacia delante con rebotes cortos

interiores: internos

ofensiva: estar al ataque, en lugar de a la defensa

oponente: jugador del otro equipo

oposición: el otro equipo

paralelo: a la misma distancia a lo largo de todo el trayecto

perímetro: el borde exterior de una figura o área; la distancia alrededor de una figura o área

perpendiculares: 2 líneas que se cruzan para formar un ángulo recto

pivota: mantén un pie quieto mientras giras el cuerpo en torno a él con el otro pie

predecir: calcular lo que ocurrirá en el futuro

punto de lanzamiento: el punto en el que el lanzador suelta el balón

vértice: el punto en el que se encuentran 2 segmentos de línea o raya

vista aérea: visto desde arriba

Índice

Exploremos las matemáticas

Página 7:
a. ángulo recto
b. ángulo obtuso
c. ángulo agudo
d. ángulo llano
e. Las respuestas variarán.

Página 8:
a. ángulo recto
b. 90°
c. 90° + 90° + 90° + 90° = 360°

Página 13:
a. ángulo recto, 90°
b. ángulo obtuso; las respuestas variarán, pero deben estar entre 90° y 180°.
c. Las respuestas variarán.

Página 15:
a. ángulo obtuso
b. ángulo recto

Página 19:
a. ángulo agudo
b. ángulo recto
c. ángulo agudo
d. ángulo agudo
e. La trayectoria **a** es la que tiene menos probabilidades de marcar un punto; las explicaciones variarán, pero en ellas se deben analizar los modos en los que la trayectoria **a** tiene menos probabilidades de marcar puntos porque muestra el ángulo más pequeño respecto a la canasta.

Página 25:
a. Diagrama ii
b. Diagrama i

Página 27:
a. 360°
b. 360°
c. 360°
d. La suma de los ángulos de todos los cuadriláteros es 360°.

Actividad de resolución de problemas

Todos los ángulos interiores deberían encajar en la línea recta, que mide 180°. Por lo tanto, la suma de los ángulos es 180°.